FONDATION

DE

L'UNION SPIRITE

FRANÇAISE

COMPTE-RENDU

DES

Séances du 24 décembre 1882 et du 5 janvier 1883

PRIX : 30 CENTIMES

EN VENTE

AU SIÉGE SOCIAL, PASSAGE CHOISEUL, 39 ET 41

1883

FONDATION

DE

L'UNION SPIRITE

FRANÇAISE

COMPTE-RENDU

DES

Séances du 24 décembre 1882 et du 5 janvier 1883

PRIX : 30 CENTIMES

EN VENTE

AU SIÉGE SOCIAL, PASSAGE CHOISEUL, 39 ET 41

1883

ORIGINES

DE

L'UNION SPIRITE FRANÇAISE

Le 4 septembre dernier eût lieu à Paris, au siége de la société de la rue des Petits-Champs, une réunion de spirites,
dans laquelle furent discutées des questions posées par
nos frères de Belgique, là se firent les premières
proposition de fédération française. Un peu plus tard,
M. Leymarie, s'étant rendu en Belgique, écrivit de Liége, le
22 septembre, à un spirite parisien, une lettre dont nous
extrayons le passage suivant :

« Il y avait ici une profonde scission entre les spirites Belges,
j'ai pu apaiser les conflits, et ce soir, je l'espère, il y aura
réconciliation générale, ma présence n'eût-elle eu que ce
résultat, que je bénirais mes fatigues quotidiennes. Pourquoi
ce qui se fait ici ne s'accomplirait-il pas à Paris ? Vous de-
vriez m'y aider, mon ami, vos parents sont dévoués à notre
doctrine, oubliant les incidents qui ont pu troubler l'harmonie, ne pourrions-nous, la main dans la main, nous unir et
nous aimer, être l'exemple de la conciliation et de l'oubli du
passé, et créer très sérieusement la base de la société spirite
future. »

Devant un tel appel à la conciliation, le devoir de tout

spirite sincère était d'y répondre; un comité d'initiative se forma, ayant pour but de grouper les dissidents et en même temps d'étudier un projet de statuts pour la future fédération française. Les travaux terminés, le comité en exposa les résultats devant une assemblée de cent cinquante personnes, laquelle se tint rue Saint-Denis; les statuts élaborés furent approuvés à l'unamité, et déjà plusieurs assistants voulaient fonder la fédération sous le titre d'*Union spirite française*, lorsque l'on fit observer qu'on n'en avait pas le droit, l'assemblée n'étant pas assez générale pour se considérer comme mandataire des spirites Français. Il fût donc résolu de se rendre au siége de la société de la rue des Petits-Champs, où une autre réunion devait avoir lieu le lendemain dimanche 19 novembre. On s'y rendit; le président donna lecture d'une série de questions relatives à la constitution d'une fédération française et belge; on lut ensuite un projet d'union spirite française comportant la création d'un journal à bon marché, organe de cette association. (*Dans la discussion, le principe d'une fédération ou Union spirite française prévalut, sans préjudice d'ailleurs des liens qu'on pourrait former ultérieurement avec les autres nations.*) Les questions relatives à l'organisation de cette fédération étant multiples, il fut décidé, sur la proposition de M. Leymarie, de nommer une commission mixte ayant pour but de préparer un travail, qu'on soumettrait à l'approbation d'une assemblée générale qui, seule, aurait qualité pour prendre des résolutions définitives. On put voir alors un spectacle émouvant, des Spirites longtemps séparés se tendre la main et se traiter en frères, la joie et la concorde régnaient dans tous les cœurs.

M. Leymarie, dans le courant de la réunion, proposa gracieusement le local de la société spirite pour y tenir les séances de la commission, celle-ci accepta et résolut de se réunir le dimanche et le mercredi.

Une première séance assez courte eut lieu le soir même, et la commission s'inspirant des débats de l'assemblée adopta le titre de *Fédération* (ou *Union*) *spirite française ;* la deuxième, le mercredi suivant 22 septembre. La commission allait continuer ses travaux, lorsque l'un de ses membres, M. Vautier, déclara qu'étant administrateur de la Société anonyme pour la continuation des œuvres d'Allan Kardec, il ne pouvait admettre que, dans le local de cette société, il fut question de fonder un journal spirite nouveau, car, disait-il, ce serait nuire aux intérêts de la *Revue*. On essaya de lui démontrer qu'il n'en serait pas ainsi et que toute extension de nos idées ne pouvait, au contraire, qu'être profitable à la librairie spirite, que d'ailleurs on n'avait accepté la société comme siége de la commission que sur la proposition de M. Leymarie. Aucune de ces raisons ne peut faire revenir le préopinant sur son avis. Un des membres proposa de se réunir chez lui, ce qui fut adopté.

La commission, pour rester dans l'exercice de son mandat, continua ses travaux, malgré l'abstension de quelques personnes qui se retirèrent et crurent devoir reprendre le projet de fédération française et belge. Voici plus loin le compte-rendu de la séance qui eut lieu à Paris, le 24 décembre dernier, dans la grande salle de la Redoute, rue J.-J. Rousseau, 35, et où assistaient plus de quatre cents personnes.

COMPTE-RENDU

DE LA SÉANCE DU 24 DÉCEMBRE 1882

Président : M. le Docteur Josset,

Secrétaires : MM. Chaigneau et G. Delanne.

La Séance est ouverte à 2 heures 1/2

La parole est à M. Delanne père.

Mesdames, Messieurs,
Chers Frères et Sœurs en croyance,

Nous sommes heureux de constater que vous avez bien voulu répondre à notre appel fraternel.

Nous allons développer devant vous les motifs qui ont provoqué cette réunion et qui étaient contenus sommairement dans notre convocation.

Nous devons vous faire comprendre clairement nos vues sur la nécessité de créer l'*Union spirite française*, et, comme corrolaire, la fondation d'un journal, organe exclusif de cette union.

Permettez-nous, Messieurs, de jeter un rapide coup-d'œil sur la situation générale du spiritisme à notre époque. Les principes de notre philosophie ont été réunis, comme vous le savez, en corps de doctrine par notre maitre tant regretté, Allan Kardec : il a fallu son génie et la coopération du monde invisible pour répandre si bien et si vite, dans les masses, nos idées si justes, si consolantes et si grandes. Son départ de la terre fut une perte bien sensible pour ses adeptes et un grand préjudice porté au développement de notre doctrine. Depuis sa mort, en effet, le spiritisme, nous le constatons, s'est ralenti dans sa marche.

Recherchons-en brièvement les causes principales :

La guerre en détournant les esprits des spéculations philosophiques nous a fait beaucoup de mal, et pourtant si notre chef avait vécu, quel parti n'aurait-il pas tiré d'un tel état moral. Il aurait su, par sa grande autorité, attirer à nous ceux qui ont souffert des cruelles blessures de la patrie. Il aurait fait renaître l'espérance dans les cœurs brisés qui ont perdu un des leurs pour la défense de nos foyers.

Plus tard, les ardentes luttes politiques que nous avons eu à soutenir, employant toutes nos énergies de citoyens, ont retardé l'éclosion des semences qui promettaient une si abondante moisson. Le monde spirite, séparé subitement par ces convulsions sociales, n'ayant plus notre maître pour réunir la famille spirite autour de lui, nos frères se sont dispersés et ont travaillé isolément. Il est résulté forcément de cet état de chose un manque *d'unité dans l'étude*. Les communications n'étant plus suffisamment contrôlées ne purent servir à l'*élucidation de lois nouvelles* faisant suite aux principes posés par le Maître, malgré les louables efforts d'hommes animés de bons sentiments.

Aujourd'hui que treize années se sont écoulées depuis la disparition du fondateur du spiritisme, les théories du matérialisme semblent triompher en cherchant à appliquer leurs désastreuses influences. L'envie de jouir s'empare de tous les ignorants, à qui on a enlevé par des sophismes la base de la morale, en supprimant *Dieu*.

Les ouvrages spirites, répandus avec profusion, auraient combattu efficacement l'entraînement des esprits dans cette voie pernicieuse. Nous comptions sur la modicité du prix des ouvrages fondamentaux pour les mettre à la portée de tous, et nous croyons encore que c'est une des causes du ralentissement de la diffusion de nos croyances.

Les groupes, livrés à eux-mêmes, *insuffisamment visités*, ont manqué de méthode dans l'enseignement de notre philosophie, l'unité de vue faisait défaut, ils n'ont pas produit les résultats qu'on en attendait.

Pour remédier à un tel état de choses, nous croyons qu'il est indispensable de nous grouper de nouveau, de nous sentir les coudes, en quelque sorte; c'est en marchant en rangs serrés, sous une direction intelligente et active, que l'on peut accomplir de grandes choses. L'isolement, c'est la faiblesse; ne restons donc pas seuls avec nous-mêmes, *formons une vaste association* qui permettera à toutes nos énergies de trouver leur place utile, en un mot *faisons l'Union spirite française*.

Voyez, de tous côtés les bénéfices de l'association sont devenus palpables; ce n'est qu'en mariant leurs efforts que les savants sont arrivés à édifier le splendide monument des sciences; faisons comme eux, suivons la voie qu'ils nous ont tracée, et nous répandrons largement la vérité.

Dans la centralisation que nous allons créer, il est bien entendu *que chaque réunion, chaque groupe, chaque médium, chaque spirite, conservera son entière indépendance et sa liberté absolue.* Que le comité élu par vous n'aura pour but que de centraliser les études et de faire le contrôle universel qui est une garantie pour *l'unité de direction.* Car ça ne sera pas à la voix d'*un* homme qu'on se ralliera, mais à l'*avis* unanime des Esprits. *Là* est vraiment le caractère essentiel de la Doctrine spirite. *Là* est sa force, *là* est son autorité. Dieu a voulu que sa loi fut assise sur une base inébranlable, c'est pourquoi il ne l'a pas fait reposer sur la *tête d'un seul.* L'opinion spirite française sera le juge suprême que nous reconnaîtrons, car dans le concours général que nous créons, les individualités *s'effacent, et la collectivité* sera toute puissante. — Pour rester libres, nous répudions d'avance toute personnalité ; nous nous plaçons sur un terrain entièrement *neutre* pour faciliter les idées de conciliation, sans lesquels il n'y a ni force, ni puissance.

Notre doctrine sera repandue par le journal « *Le Spiritisme* » qui sera en quelque sorte le Moniteur universel du monde des esprits.

En confiant la direction générale de l'Union à un Comité *nommé par tous,* nous évitons le danger que peut nous faire encourir les vues personnelles d'*un seul* homme et nous rentrons dans la grande tradition républicaine.

Nous vivons à Paris et en province, sans un lien fraternel de ralliement ; nous sommes aussi étrangers les uns aux autres que si nous vivions sous des latitudes différentes ; on ne croirait jamais qu'une même croyance fait battre nos cœurs ; ceci tient au manque de cohésion de ceux qui partagent nos idées. Il s'agit de nous réunir en faisceau pour apprendre à nous connaître, à nous aimer et à nous soutenir.

Pour former cette association si désirée et si nécessaire, nous vous proposons de verser 50 centimes par mois, ou 6 francs par an, pour créer cette fédération et pour en faire partie, car malgré le désintéressement entier des personnes qui vont être nommées à la direction, ils s'imposent des *frais généraux* qu'il faut couvrir, tels que : loyer, éclairage, correspondance, etc., etc.

L'ensemble des spirites étant des travailleurs, et les membres du comité devant être pris dans cet ensemble, ils ne pourront consacrer à l'œuvre que la *douzième heure*, c'est déjà une lourde tâche qu'ils acceptent, celle de la Direction. Ils ne doivent donc avoir d'autres frais que ceux qui sont communs à tout associé.

Les membres de l'*Union spirite française* seront convoqués périodiquement dans un laps de temps que l'assemblée déterminera elle-même. Là se discuteront les intérêts généraux et s'agitera la question des congrès à venir.

Si vous répondez à notre appel et que nos idées soient comprises, nous vous proposerons, dans l'avenir, de nous servir des sommes qui pourront nous rester pour faire *des conférences spirites tant à Paris qu'en province, et créer autant que nous le pourrons des bibliothèques spirites populaires.*

En résumé, nous voulons dans l'« Union » que la plus parfaite égalité règne entre ses membres ; car, étant tous frères, nous devons jouir des mêmes droits. Nul ne sera supérieur aux autres, si ce n'est par son dévouement à la cause commune. — Vous serez donc entièrement libres de nommer au comité ceux qui vous en sembleront les plus dignes.

Vous allez-voir que les *statuts* que nous vous soumettons ont été élaborés dans l'esprit qui nous semble être le plus libéral.

Vous serez appelés à les sanctionner ou à produire les objections qu'ils vous susciteront.

DU JOURNAL.

Passons maintenant à la nécessité de la création d'un journal nouveau, que nous appellerons : « *Le Spiritisme.* »

En thèse générale, plus une croyance, plus une foi politique ou physiologique a d'organes à sa disposition, plus elle est forte, plus elle est appelée à grandir. — Donc, *a priori*, la création d'un nouveau journal spirite ne peut être que profitable à notre cause.

Mais il y a d'autres raisons sérieuses qui s'imposent, elles sont de plusieurs natures :

1° Raisons particulières à l'*Union spirite* ;

2° Raisons sociales ;

3° Raisons relatives à l'enseignement des principes du spiritisme.

1° Il est indispensable que le résultat de la concentration des travaux soit exposé dans une feuille *périodique spéciale*, afin que tous les adeptes connaissent le résultat des Études.

2° Pour que les spirites puissent se mieux connaître, le journal donnera l'adresse des différents groupes de Paris et de la province, le nom des médiums, les effets qu'ils produisent, etc., afin que nos frères, désireux d'avoir des manifestations ou un contrôle à exercer, sachent où s'adresser.

3° Enfin, l'enseignement que nous donnerons sera conforme aux idées énoncées par Allan Kardec, c'est-à-dire simple, clair, et principalement à la portée des adeptes nouveaux, qui ne demandent qu'à connaître les mœurs du monde des esprits, la grande patrie que nous devons tous revoir.

Ceci ne nous empêchera pas d'avoir une partie purement scientifique pour les spirites déjà instruits, où nous établirons la supériorité de nos principes sur les systèmes philosophiques ou religieux déjà connus.

M. Chaigneau vous expliquera tout à l'heure l'influence du spiritisme au point de vue social. Nous aurons pour mission de combattre le matérialisme, qui est le dissolvant le plus terrible de la société. Il faut s'attacher à répandre nos idées dans toutes les classes et particulièrement dans celle des travailleurs. Il faut leur démontrer que nous sommes réellement frères, que leur situation, souvent pénible, n'est que temporaire, et que, en se soumettant courageusement à la Loi du travail, qui ennoblit ses enfants, ils grandissent moralement, et pourront plus tard acquérir une position plus *heureuse*.

Examinons maintenant le côté administratif de ce journal.

Notre organe, pour produire de bons résultats, doit paraitre tous les *quinze jours*, afin de tenir les lecteurs au courant des événements du monde spirite. De plus, il est urgent, il est indispensable qu'il *soit à bon marché* pour être accessible à toutes les bourses. Nous en fixons l'*abonnement* annuel à 4 francs seulement. *Le Journal paraîtra deux fois par mois, ayant huit pages de texte par numéro.*

Son Comité de rédaction sera nommé par vous à l'*élection* ; c'est ici qu'il est bon et nécessaire de faire connaître à nouveau que *toutes les fonctions, quelles qu'elles soient, sont entièrement gratuites.* Il faut le plus entier dévouement à notre grande cause, il faut payer de sa personne et de son talent.

Nous faisons donc un chaleureux appel à nos frères en croyance de Paris et de la France entière, afin qu'ils nous aident à répandre à pleines mains ces idées qui font leur bonheur et le nôtre.

Voici ce que nous avons l'honneur de vous proposer pour entrer dans la pratique, il faut souscrire des parts de fondateurs qui seront de 50 francs chacune ; mais il faut que tout le monde puisse avoir l'honneur d'attacher son nom à cette création si grande pour l'avenir ; nous avons donc décidé qu'il y aurait des parts de souscripteurs pour toute somme, depuis *50 francs* jusqu'à *5 francs*.

Comme nous ne voulons pas faire une société commerciale, il faut considérer les sommes versées comme un *don gracieux* fait pour la propagation du *spiritisme*, et pour couvrir les frais inhérents à toute publication. Si pourtant dans un temps donné le succès répond à notre attente, nous rembourserons l'argent avancé, comme cela est expliqué dans nos statuts.

Pour appliquer nos principes d'égalité et de fraternité, il est bien entendu que les souscripteurs et les fondateurs sont égaux, quel que soit le nombre des parts souscrites par eux. Ils n'auront droit qu'à une voix dans les votes de l'*Union spirite française*.

L'œuvre que nous entreprenons est trop grave et trop sérieuse pour la compromettre par un empressement inopportun ; nous ne ferons paraître le journal que lorsque nous aurons les fonds nécessaires pour couvrir les frais de la première année.

Messieurs,

En terminant, nous pouvons affirmer hautement qu'aucune arrière-pensée ne domine cette commission qui tient son mandat de *deux assemblées précédentes.* Ce doit être pour vous, messieurs, la plus grande et la meilleure garantie de ses intentions. Le plus profond *désintéressement* a présidé à ses travaux, et c'est une œuvre de dévouement, en vue du bien de notre chère doctrine, qui lui a fait prendre l'initiative du mouvement.

Nous avons cru, par déférence et pour donner plus d'autorité à notre création, devoir communiquer nos idées, nos projets à Mme Allan Kardec, qui, malgré son grand âge, a conservé intacte la lucidité de son esprit pratique et judicieux. *Elle approuve en principe la nécessité d'une vaste association morale entre tous les spirites, et la fondation du journal à bon marché, qui aidera à répandre plus largement les principes fondamentaux de la doctrine inaugurée par son illustre mari.*

Nous attendons avec confiance le verdict que vous allez rendre, car cette union spirite française que nous éditions en ce jour est non-seulement notre œuvre personnelle, mais celle de nos chers esprits qui nous crient du haut de l'espace :

Aimez-vous, unissez-vous !

Mesdames, Messieurs,

Pour vous montrer l'opportunité du mouvement que nous pressentions, nous allons vous donner connaissance des lettres de nos frères de province, qui tous adhèrent avec bonheur à notre idée de fédération et à la fondation de notre journal.

M. Léon DENIS, de Tours, le secrétaire de la Ligue de l'Enseignement, notre frère et ami, de plus chef de groupe dans cette ville, est venu tout exprès pour avoir l'honneur d'être témoin de la fondation de notre union, et pour sceller en quelques sortes, par sa présence, la solidarité qui doit régner entre nos frères de Paris et ceux de province ; va vous exposer ses vues, ses impressions, au sujet de « l'Union spirite française. »

(*Applaudissements.*)

L'orateur donne lecture de la correspondance de province, qui nous apporte de nombreuses adhésions, elles sont accueillies par de chaleureux applaudissements. Le président propose de voter des remerciements à M. Delanne pour le zèle dont il a fait preuve, l'assemblée approuve par des applaudissements.

La parole est à M. Chaigneau :

Avant de procéder à la suite de nos travaux, nous tenons à nous présenter ici sans équivoque, afin de ne point nous exposer à profiter d'un malentendu, d'ailleurs bien improbable.

Nous respectons nos frères de la Fédération spirite française et belge, et nous désirons avoir avec eux les rapports les plus courtois. Nous avons même, pour éviter toute surprise, renoncé à ce mot de « Fédération » qui était cher à plusieurs d'entre nous, et l'association que nous vous demandons de constituer se présente sous le titre d' « Union spirite française. » Il y a une différence de mode entre les deux associations, il y a une différence de nom : l'équivoque ne saurait donc être possible.

Si, dans la lettre qui vous a convoqués, il a été question de l'assemblée du 19 novembre, tenue dans le local de la Société d'Études psychologiques, c'est que ce jour-là il a été nommé une Commission d'Études, et qu'il en est parmi nous qui ont cru juste et légitime d'en faire mention, en raison du mandat qui leur a été conféré et qu'ils ont gardé intact jusqu'au jour de le déposer entre les mains d'une nouvelle assemblée.

Cela dit, simplement pour écarter toute possibilité de malentendu, nous croyons être les interprètes de nos frères qui vont constituer l' « Union spirite française, » en déclarant de nouveau que, la loi spirite étant la loi de fraternité, nous adressons à nos frères de la fédération franco-belge le salut de collaboration solidaire et de cordiale harmonie. Il y a entre ces deux organisations trop d'attaches de principes et trop d'amitiés communes pour que nous songions un seul instant à les considérer comme complétement étrangères l'une à l'autre et comme n'ayant rien de commun.

Nous espérons, au contraire, pour notre part, qu'elles sont appelées à faire un bon travail, en marchant la main dans la main, et en se complétant l'une l'autre. L'avenir est à la solidarité : nous envoyons à nos frères le salut de solidarité.

Ces déclarations fraternelles sont vivement applaudies.

Mme Cochet lit ensuite le discours suivant :

> Mesdames, Messieurs,
> Sœurs et Frères en humanité,

Nous sommes appelés ici autour d'un drapeau : celui du Spiritualisme expérimental. Nous venons donner à cette Doctrine la vie sociale en l'individualisant, en quelque sorte, par le groupement de toutes nos individualités.

La grande force humaine, c'est le travail solidaire. Se grouper autour d'une idée, c'est lui donner la puissance de rayonnement, c'est la sortir de l'abstraction pour la lancer dans l'action, c'est en faire une œuvre.

Ce que peut l'action collective, nous en avons la mesure par les plus encourageants exemples : toutes les réformes obtenues, tous les progrès réalisés, sont dus à ce même principe. Pour ne citer qu'une œuvre chère entre toutes, une œuvre que nous saluons avec un respect d'autant plus sympathique qu'elle est un peu sœur de la nôtre, que de bienfaits la Ligue de l'Enseignement n'a-t-elle pas répandus ! Formée du concours de quelques bonnes volontés obscures, sans ressources pécuniaires, sans influence politique, malgré les vexations, les entraves de toutes sortes, elle a pu exercer une action si considérable qu'aujourd'hui, rayonnant sur toute la France, en répandant largement l'instruction élémentaire, elle contribue pour une bonne part au relèvement de notre pays.

Eh bien, nous aussi nous avons adopté une cause de Progrès ; nous aussi nous voulons l'émancipation des esprits, l'élévation du niveau moral ; nous aussi nous venons arracher les âmes aux ténèbres du Passé : à la superstition, à l'ignorance, à la foi aveugle, à l'écrasement du Dogme, à la compression sacerdotale. Nous embrassons la Ligue sainte ; nous voulons répandre la lumière intellectuelle qui donne à l'homme le sentiment de sa dignité, qui crée la responsabilité personnelle, qui révèle l'idéal de justice. Nous disons : *hors la science, point de conscience ; hors la conscience, point de liberté.*

Voici ce qu'il nous faut affirmer bien haut. On se méprend étrangement sur la portée de la Philosophie spirite. Progressiste, on l'accuse d'imprimer un recul vers les superstitions du moyen-âge. Emancipatrice, on l'accuse d'être une entrave à la transformation sociale. Scientifique, on l'accuse d'être un défi à la science.

Cette injustice de l'opinion tient à ce fait : que l'école matérialiste s'étant proclamée gardienne des droits populaires, s'étant surtout réclamée de la science qu'elle prétend exclusivement repré-

senter, a su, à ces deux titres, éblouir les masses qui ne se sont
affranchies du joug clérical que pour tomber sous le joug doctoral.
Notre siècle, qui ne croit plus au prêtre comme représentant Dieu
croit en revanche au savant représentant la science absolue. Les
esprits qui autrefois se soumettaient un dogme, se soumettent
aujourd'hui à une définition : il y a une foi scientifique, aussi
docile, aussi crédule que l'était la foi religieuse. Au lieu de s'en
remettre à l'infaillibilité d'un Concile, elle s'en remet à l'infaillibilité d'une faculté. En résumé, le grand prêtre de notre époque,
c'est le savant. Entendons-nous, le savant bien et dûment diplômé,
agrégé, attaché à une faculté quelconque, le savant orthodoxe,
officiel, décoré, breveté avec garantie du gouvernement.

L'école matérialiste, qui compte beaucoup de ces savants heureux,
a beau jeu pour faire le procès de tous ceux qui prétendent dis-
cuter ses oracles. Dès l'apparition du Spiritisme, elle s'est pro-
noncée par un jugement sans réplique : les expériences spirites
s'écartant des théories matérialistes, étaient considérées comme
non avenues : de tels phénomènes étant impertinents ; quant aux
spirites, c'étaient autant de fous qui ne relevaient que des petites
maisons. Un éclat de rire ratifia ce bel arrêt.

Après trente-cinq ans de preuves amassées, nous sommes encore
sous le coup de ce jugement sommaire et de cette aimable gaieté :
franchement, il est temps de protester et de nous défendre. Nous
avons pour nous la puissance des faits : notre philosophie est
expérimentale, et c'est là sa force ; aussi réclamons-nous, pour le
spiritisme, cette science psychologique, une place au rang des
sciences positives.

Sans doute la tâche est difficile : nous savons quelles contradic-
tions, quelles oppositions intéressées se dresseront pour entraver
notre action. Quand nous parlerons de nos expériences, on nous met-
tra au défi de les produire ; quand nous demanderons à les produire
on refusera de les constater. Nous l'avons éprouvé déjà et savons trop
à quel degré d'aveuglement peuvent atteindre des hommes qui tien-
nent par toutes les fibres de leur cerveau aux erreurs consacrées. Il
est trop vrai qu'aujourd'hui encore, malgré les témoignages consi-
dérables des Crookes, des Warley, des Zölner, des Wallace, de toutes
les personnalités les plus hautes de la science étrangère, les corps savants nous rejettent : soit! Nous en appelons à la science contre
les corps savants !

A la science qui n'est ni dédaigneuse, ni routinière, ni ambi-
tieuse, ni systématique, ni rétrograde, mais qui sans passion, sans
intérêt vénal, sans haine, est guidée vers un seul but : la connaissance de la vérité. A la science qui n'est point officielle, mais qui
est universelle ; qui ne va point se parquer dans une académie ; mais
qui, parcourant l'immensité des mondes, s'adresse à l'infinité des

intelligences à la science dont le pur flambeau avant d'emprunter
aux astres l'éblouissement de leur lumière, en avait pris la première étincelle sur le front des pasteurs de la Chaldée ; à la science
en même temps candide et forte qui, se penchant vers Gassendi
enfant, fortifiait Galilée contre la persécution, encourageait Papin
sans se moquer de sa marmite ; à la science qui, attentive et
recueillie, a observé tour à tour le baquet de Mesmer, les gre-
nouilles de Galvani et les tables d'Allan Kardec.

C'est cette science là seule que nous reconnaissons pour nôtre,
et c'est à elle que nous vouons nos travaux.

Quant à la contradiction, elle ne saurait nous arrêter. Repoussés,
nous reviendrons à l'attaque. Ni les railleries de l'ignorance, ni les
mépris de la fausse science ne nous empêcheront de poursuivre la
propagation de nos études ; aussi bien nous n'avons plus le droit
de nous abstenir et d'être fiers. Tous, autant que nous sommes,
nous ne nous appartenons plus, nous sommes des esclaves : les
esclaves de la vérité.

A ce propos, je n'ai jamais compris le mot de Fontenelle : « Si
j'avais, disait-il, la main pleine de vérités, je me garderais bien de
l'ouvrir. » Comme on voit bien que Fontenelle ne savait pas ce
qu'il en est et que jamais la vérité, oiseau divin, n'avait fait son nid
dans cette main égoïste. Si, pourtant, un jour, il devina, il comprit
une des grandes lois universelles : la pluralité des mondes habités.
Eh bien ! que fit cet homme prudent ?... Eh, mon Dieu, il confessa
cette hérésie, il accusa cette énormité, prouvant ainsi lui-même, en
démentant sa fameuse maxime que, ne le voulut-elle pas, la main
qui tient un rayon s'ouvre toute seule. Aucun Muscius Scévola
n'aurait la force de retenir ce charbon ardent qui dévore : la
vérité se murmure, se dit, ou se crie ; mais elle se dégage, elle
s'affirme.

En disant ceci, il semble que je prêche l'apostolat : Je ne m'en
défends pas, c'est précisément là que j'en viens, parce que tout
besoin d'initiation est une nécessité, est une conséquence de la
conviction, et que tout croyant est apôtre. Je sais que ce titre
d'apôtre est très déprécié : c'est mal porté d'abord, c'est embar-
rassant, ridicule, sans compter que de toutes les conditions celle
de pêcheurs d'hommes est encore la plus dure. Eh bien ! oui,
mais nous n'y pouvons rien ; nous sommes dans une phalange en
marche, il faut marcher ! nous savons, eh bien ! il nous faut pro-
fesser ; nous possédons, il faut donner.

Nous ne saurons nous dissimuler que nous sommes encore trop
froids à la propagation. Nous gardons peut-être trop de respect
humain, nous n'avons pas ce zèle qui sacrifie tout à la cause qu'il
sert. En résumé, nous dépensons trop notre force à nous indigner
contre la mauvaise volonté des incrédules, à maudire le matéria-

lisme plutôt que de l'employer, cette force de conviction si puissante et si féconde, à la démonstration ardente et continuelle des faits que nous affirmons.

Je disais tout à l'heure que la vérité ne peut rester enserrée dans une individualité ; et que, selon la force de celui qui en est pénétré, elle se manifeste dans le cri ou le murmure. Eh bien, la Vérité que nous avons recueillie, nous la murmurons..., très souvent même inintelligiblement. Je ne veux pas dire qu'il faille la crier ; prenons le moyen terme, disons-là clairement, loyalement, fermement, disons-là de la façon la plus irrécusable par la démonstration des faits. Songeons aussi que pour les résultats que nous poursuivons ce n'est pas trop de l'union de toutes les forces. Qu'aucun de nous ne se juge trop humble et ne se récuse en invoquant son insuffisance. Individuellement, pas un de nous ne pourrait prétendre à soutenir le poids d'une si grande vérité. Mais, collectivement et par une communion de moyens, de facultés diverses, nous pourrons espérer remplir la mission qui nous incombe. Nous nous sentons utiles, et rien de ce qui est utile ne doit être écarté.

Rappelons-nous que, dans l'ordre physique, ce sont les petits, les travailleurs obscurs qui ont fait le monde. Ainsi, dans l'ordre intellectuel, les petits, en agissant collectivement, jettent les assises solides sur lesquelles s'appuiera plus tard une vérité bienfaisante. Quand, résumant le travail accompli, un homme se lève et en dit le dernier mot, cet homme est proclamé grand; sans les petits, il n'aurait pas été ; toute grande œuvre est collective. Pénétrons-nous de cette pensée pour accepter de volonté et de cœur la tâche obscurément méritoire d'une période préparatoire; tenons à honneur d'établir les fondements d'un nouveau monde moral; notre rôle sacrifié est cependant enviable : nous travaillons pour la Vérité.

Je n'ajoute qu'un mot : Attachons-nous à donner à la philosophie spirite son véritable caractère. Notre doctrine n'a point de dogme, elle n'a que des pirncipes ; elle impose le respect profond de la dignité humaine; par elle, la nécessité de solidarité s'affirme au même degré que la nécessité de justice. Sa foi, elle la met toute dans la destinée des générations émancipées par le progrès ; elle ne considère pas l'être seulement dans le court passage de son incarnation humaine, elle le suit dans son évolution éternelle, elle l'apprécie dans son essence absolue, elle voit en l'homme l'esprit qui travaille et lutte pour atteindre au but sublime, et, embrassant la création dans sa divine synthèse, elle proclame sa foi à l'Humanité qui, par la science, devra s'élever jusqu'à Dieu.

De vifs applaudissements saluent cette péroraison.

M. Camille Chaigneau nous fait entendre le discours que
voici :

Frères et Sœurs,

Pour celui qui croit à la solidarité, fût-elle inconsciente, de
tout le travail humain, solidarité qui prouve l'impulsion supérieure jaillie d'un centre d'unité, pour celui qui entrevoit la mer-
veilleuse synthèse de l'architecte, alors que les matériaux, bruts
ou façonnés, jonchent encore le sol du chantier plein de travailleurs épars, pour celui qui conçoit un but unique à cet immense
fourmillement d'efforts, il est impossible de ne pas chercher le
lien qui rattache entre elles les diverses manifestations de la pensée
de son siècle, il est impossible de se confiner dans une philosophie
abstraite et de se désintéresser du tourbillon actif des idées vé-
cues, des idées qui se manifestent par les grands faits sociaux.
Aussi, — ne le croyez-vous pas? — l'avenir doit-il être à la conception qui sera assez haute et assez vaste pour embrasser l'ensemble des lois cosmiques et de la vie universelle et en même
temps pour unir en un seul faisceau les poussées de progrès qui
tourmentent notre grain de sable terrestre; en un mot, l'architecte, encore méconnu, de tout le travail qui s'accomplit, ce
doit être le concept synthétique, le concept divin qui établit le
rôle de la terre et de ses enfants dans l'harmonie des mondes, et
le rôle de l'homme dans l'harmonie de la terre. Il y a donc à considérer deux préoccupations principales, qui parfois se trouvent
confondues dans un même génie, lorsque ce génie s'appelle
Fourier ou Victor Hugo, lorsqu'il s'incarne dans l'œuvre hautement philosophique et profondément sociale d'un Allan Kardec,
mais qui, la plupart du temps, se partagent les intelligences et
les activités suivant le principe de la division du travail. Il y a
donc deux tendances primordiales : l'une vers l'au-delà, une
autre vers l'en-deçà; une qui nous emporte vers l'idéal du ciel,
une autre qui nous ramène vers les réalités de la terre; une qui
ouvre nos ailes vers toutes les grandeurs des hautes régions,
une autre qui nous agenouille devant toutes les souffrances des
petits; une qui parfois nous fait mépriser la terre comme un
bagne, une autre qui nous la fait aimer comme un berceau;
une qui nous détache de ce monde par l'amour de l'infini, une
autre qui nous y rattache impérieusement par l'amour de nos
semblables; une qui nous fait spiritualistes, une autre qui nous
fait socialistes.

Jusqu'ici, la généralité des hommes a méconnu l'harmonie de
ces deux tendances. On les a crues contradictoires; et pourtant

elles ne sont pas plus incompatibles que les mouvements alternes
du thorax dans l'acte physiologique qui renouvelle incessamment
la vie du sang, elles ne sont pas plus inharmoniques entre elles
que les deux tendances inverses de l'appareil pulmonaire dans le
rhythme de la respiration.

C'est précisément ce que nous cherchons à démontrer ici par le
fait. Le travail préparatoire de cette assemblée a réuni quelques-
uns d'entre nous en un petit groupe qui va faire place à la grande
association que vous êtes appelés à former. Mais, si temporaire
qu'ait été le mandat de la commission, ce groupe, qui s'est immédiatement senti très uni malgré ses provenances diverses, et
peut-être même à cause de sa variété profonde, témoigne, je
crois, en ce moment, de la double action dont il vient d'être parlé.
Chacun de nous est parfaitement pénétré de ce que diront ses
frères et il s'y associe de cœur; mais en même temps chacun de
nous choisit plus spécialement sa tâche dans l'une des deux tendances qui par leur rhythme harmonieux constituent la vie inté-
grale. Les uns ont à vous parler de l'immortalité de l'âme et de
l'idée de Dieu considéré comme le foyer supérieur de toutes
choses; les autres ont à présenter quelques idées sur le progrès
social et sur la loi de solidarité humaine, c'est-à-dire sur l'idée de
Dieu considéré comme immanent à l'Humanité grâce au rayonnement du grand soleil spirituel.

Et tout cela fait partie du même programme, tout cela s'abrite
sous une même idée, sous un même mot : le Spiritisme. C'est
pourquoi nous croyons que le spiritisme est précisément cette
conception dont il était parlé il y a un instant, conception assez
haute et assez vaste pour embrasser l'ensemble des lois cosmiques
et des vies ultra-terrestres, et en même temps pour unir en un
seul faisceau les poussées de progrès qui tourmentent notre petite
planète.

Seulement, sur la terre, le spiritisme n'est encore qu'une lueur,
ou plutôt une semence d'étincelles, répandues de toutes parts il est
vrai, mais dont la flamme n'a pas encore conquis les vastes plaines
destinées à l'embrasement du foyer dont il émane. Nous croyons
que l'heure est venue de cette conquête, et c'est pourquoi nous
devons porter nos yeux du côté où la vie abonde, où l'ardeur fer-
mente, vers le terrain labouré et fécondé par nos grands aïeux
qui ont fait de la France l'héroïque initiatrice de tous les affran-
chissements.

On ne peut pas dire encore, à cette heure, que le spiritisme et la démocratie marchent la main dans la main. Le spiritisme est méconnu et
la démocratie est immense. Et pourtant leur mariage est nécessaire. Ils
sont aussi indispensables l'un à l'autre que le sont entre eux la moisson
et le plein soleil de l'été. Sans la chaleur de l'astre triomphant qui

regarde la terre face à face, les blés verts pourriraient avant de se
transformer en ces hautes tiges dorées qui semblent des rayons
matérialisés et qui accumulent à leurs sommets la substance
concentrée de la vie. Sans les moissons à féconder, sans la vie
planétaire à faire jaillir dans toutes ses manifestations, sans les
bienfaits de l'épanouissement universel, le grand soleil de juillet,
avec ses rayons stériles, serait maudit comme un astre hautain et
égoïste, la nature fermerait les yeux pour ne pas le voir, elle
s'écrierait : le soleil, c'est le mal ! et, repliée sur elle-même, elle
chercherait en elle seule la force de constituer sa vie solidaire.

C'est ce qui est arrivé dans le domaine spirituel. On nous a fait
un Dieu haïssable, que nous avons pu croire tel parce qu'on l'a
voilé de nuages ; on nous a imaginé un monde spirituel fantas-
tique et adapté aux exigences d'un pouvoir dominateur, et nous
l'avons cru ainsi, parce qu'il ne nous était pas permis de franchir
la nuée pour aller voir si c'était vrai. Aussi, un beau jour, la
conscience humaine s'est-elle révoltée, et l'on a jeté bas tout cet
échafaudage de légendes. On en avait assez de ce Dieu, et des
saints, et des miracles, et de toute cette exploitation de l'affarement
humain. Et, comme on ne connaissait du ciel qu'une informe
caricature, on supprima la caricature et l'on se dit : Occupons-
nous de la terre ; au moins là nous pourrons voir par nos yeux, et
on ne nous trompera pas. Et l'on travailla, sans se douter que l'on
collaborait avec le Dieu inconnu, avec le Dieu vivant qui pénétrait
les esprits et les cœurs à travers l'épaisseur des brouillards, et,
pour ainsi dire, sous le voile de l'anonyme.

Sur ces entrefaites, un rayon de soleil vint à percer les nuages ;
mais, comme on ne croyait pas au soleil, ne l'ayant jamais vu, on
se dit : C'est une illusion, une hallucination ; frères, prenons
garde, ne tournons pas nos yeux là-haut, plus que jamais, tenons-
les tournés vers la terre, seul lieu de toute certitude. Et l'on ne
se dit pas que si un soleil ne l'avait jamais éclairée, cette terre,
fût-ce à travers les nuages, nul savant n'aurait pu plonger son
regard dans le tube d'un microscope, et que si jamais un astre
d'amour n'eût éclairé l'humanité, fût-ce à travers des brouillards,
nul historien, nul sociologiste n'eût pu observer les manifestations
de cette force de cohésion qui pousse les peuples au progrès par la
solidarité.

Il faut bien nous en rendre compte, la démocratie se défie du
spiritualisme. C'est que le peuple, dans sa généralité, n'en connaît
pas la véritable physionomie : on ne le lui a montré que sous le
masque des dogmes ; on en a fait un croquemitaine pour asservir
sa raison que l'on maintenait en enfance. Et lorsque, le dogme
s'écroulant, les philosophes ont voulu maintenir la foi en Dieu et
en la vie immortelle, en l'étayant sur des principes abstraits, la

croyance aux choses de l'au-delà était trop atteinte pour être sauvée par une métaphysique difficilement accessible à l'intelligence de tous. La métaphysique, présentée au peuple, trouvait d'autant moins le chemin de son esprit, que ses déceptions lui inspiraient davantage la défiance contre les doctrines proposées. Le principal argument n'était-il pas celui-ci : « Puisqu'il y a des injustices dans ce monde, ne faut-il pas qu'il y ait une autre vie où ces injustices soient réparées, où les bons reçoivent leur récompense, et les mauvais leur châtiment ? »

Et le peuple disait : « Nous la connaissons cette philosophie ; c'est avec cela que l'on énerve notre indignation, nos révoltes, notre soif d'une société meilleure ; c'est avec cela que les heureux de ce monde nous bernent depuis si longtemps en nous faisant entrevoir les compensations d'une autre vie à laquelle la plupart du temps ils ne croient pas eux-mêmes ; eh bien non, en voilà assez, nous voulons faire la justice dans ce monde. »

Et le peuple était bien excusable de se défier du spiritualisme, et il avait raison de vouloir établir la justice sur la terre ; et il se mit à travailler et à lutter.

Voici déjà longtemps qu'il travaille et qu'il lutte. Que d'efforts déployés, que de tentatives, que de bouillonnements héroïques ! Mais hélas ! que de convulsions sinistres, que de déchirements, que d'avortements ! La démocratie, si loin qu'elle s'étende, est encore pareille à ces blés verts qui n'ont pas reçu les rayons de l'été ; elle a poussé vive et drue sous les haleines de germinal ; mais elle souffre, car elle aspire à l'heure de la moisson, et cette heure elle ne peut encore l'atteindre, et elle risquerait de se flétrir en herbe, si les nuages ne s'écartaient pour laisser tomber sur elle les rayons du plein soleil d'été. Ce soleil, c'est celui du spiritualisme intégral, de ce spiritualisme qui se prouve et s'impose par les faits, de ce spiritualisme qui ne délie personne des solidarités de la terre, de ce spiritualisme qui nous fait les propres artisans de l'état social de la planète, de ce spiritualisme qui fait de nous tous les parties nécessaires d'un même tout, de ce spiritualisme dont la logique immédiate nous conduit à chercher le bonheur commun dans un commun amour, de ce spiritualisme qui nous pousse à rechercher la vie collective, au triple point de vue matériel, intellectuel et moral ; ce soleil, c'est celui de ce spiritualisme qui est assez expansif pour s'épanouir jusque dans l'infini et assez profond pour imprégner d'amour les entrailles de la terre ; ce soleil, c'est celui du spiritisme.

Le spiritisme a cette toute-puissance pour lui, qu'il est un fait. Mais il ne suffit pas à un fait d'être réel pour être immédiatement accepté de tous. Lorsque le fait apparaît comme un ennemi, on ferme volontiers les yeux pour ne pas le voir, ou bien l'idée préconçue

que l'on s'en forme altère la perception du vrai et engendre une
notion fausse dans l'esprit. Il est donc utile de prouver au plus
grand nombre que le fait manifesté par le spiritisme, loin d'être un
ennemi, est le plus efficace auxiliaire des efforts sociaux. Il est bon
de lui montrer l'impasse d'idées et de sentiments stériles où l'ac-
cule la croyance au néant final, l'impossibilité d'épanouir une solidarité vivante dans un cul-de-sac ténébreux bordé de tous côtés
par la mort. L'être qui a sacrifié sa vie à une cause, et sur qui
pèse à chaque heure la menace du néant définitif, peut-il se dilater
jusqu'à l'amour ardent, jusqu'à la fraternité rayonnante, alors qu'il
se sent comme un atome condamné dans la nature éternelle,
comme un maudit retranché pour toujours de la vie universelle?
Si quelques-uns traversent sans haine l'enfer de cette perspective,
il faut se découvrir devant eux, car ils ont atteint le summum de
l'abnégation. Mais, pour un qui sera ce héros d'absolu sacrifice,
combien sentiront s'agiter en eux les sombres pensées de l'amertume! combien qui, après avoir bu les premières gorgées à la coupe
de l'amour humanitaire, ne trouveront plus au fond du vase qu'une
liqueur affreusement aigrie, parce que le vin généreux n'aura pas
été renouvelé à la source infinie de tout amour! Et, si l'amour, si
le principe de toute solidarité se décompose dans les cœurs, com-
ment voulez-vous constituer un état social harmonique qui porte
en lui-même la loi de son processus et de sa vitalité collective? Il
n'y a pas de vie sans un lien d'affinité qui solidarise entre eux les
éléments anatomiques du corps vivant; il n'y a pas de vie sociale,
partant pas de vraie démocratie, sans un lien d'affinité, c'est-à-dire
d'amour, qui solidarise entre eux les éléments humains du corps
social. Or, le matérialisme contemporain ne nous donne la notion
de solidarité qu'à l'état d'abstraction, puisque l'enchaînement que
cette notion comporte néglige les individualités, c'est-à-dire les êtres
concrets et conscients, et ne se manifeste que dans l'évolution des
espèces, c'est-à-dire dans quelque chose d'abstrait et d'inconscient.
Cette conception, il est vrai, peut être considérée comme un progrès
sur les doctrines qui nous font entrevoir un salut personnel ; mais
combien doit être plus féconde la synthèse, qui, en acceptant pour
base la solidarité dans l'espèce et entre les espèces d'un même monde,
comporte en même temps la solidarité effective, la solidarité vécue,
de toutes les individualités impérissables qui ont passé et repassé
dans les formes de la terre en suivant l'enchaînement des espèces !
L'Humanité, dès lors, n'est plus un idéal fictif, un monstre mytholo-
gique qui dévore ses enfants pour conquérir on ne sait quelle
beauté future à laquelle aucun d'eux ne participera; l'Humanité
apparaît enfin comme un être réel, vivant d'une vie commune
grâce à la survivance des siècles écoulés, grâce à l'irradiation
d'amour qui peut fondre en une seule toutes les pensées d'une

génération qui se sent immortelle et qui se sent d'autant plus unie qu'elle se sent pénétrée de la vie manifeste des morts vivants, de l'irradiation réelle et passionnée des générations en apparence évanouies. L'Humanité n'est plus une abstraction, l'Humanité est une gigantesque personnalité vivante faite de personnalités humaines immortelles; l'Humanité est une harmonie, l'Humanité est un dieu. L'Humanité dans son ensemble, réel, concret et immortel, devient une composante des harmonies progressives qui se combinent jusqu'à l'infini dans l'insondable amour des espaces, et dont nous essayons d'entrevoir l'expression suprême lorsque nous balbutions ce mystérieux nom de l'universel et de l'éternel : Dieu !

Voilà de quelles conceptions nous pénètre ce spiritualisme intégral que nous appelons le spiritisme. Notre frère ne saurait être pour nous un étranger : il est une partie de nous-mêmes, puisque nous sommes véritablement des parties immortelles d'une même Humanité en formation. Si notre frère souffre par nous, il en résulte une action sympathique qui, tôt ou tard, ramène sur nous l'action reflexe de sa souffrance. Si des milliers de frères ont souffert par nous, aucune force au monde ne pourra nous empêcher d'être torturés par ces milliers de souffrances. La loi de justice est inéluctable. Si l'un de nos frères est heureux par nous, la même action sympathique fait rejaillir en nous la plénitude de ce bonheur. Si des milliers de frères sont heureux par nous, des milliers de rayons vont nous inonder de notre propre bienfait éblouissant dans sa multiplication. Oui, gloire aux bienfaiteurs de l'humanité, car, de par la loi des mondes, le bonheur du peuple se reflète en eux et ils peuvent sentir dans leurs cœurs le tressaillement de l'Humanité tout entière. Et tout homme peut devenir ce bienfaiteur, tout homme a en lui l'étoffe d'un dieu. Oh ! la loi d'amour est la loi toute puissante !

Pour qui étudie le spiritisme en toute grandeur, la loi de justice et la loi d'amour sont aussi évidentes, aussi manifestes que les étoiles dans un ciel pur; et la loi de solidarité, qui est la synthèse de ces deux lois, apparaît dans son fonctionnement gigantesque.

Oh ! lorsqu'on les a vues face à face, ces lois sublimes, qui donc serait assez insensé pour vouloir garder dans son cœur une ombre d'égoïsme, qui donc ne s'élancerait avec ardeur vers ces merveilles de la vie collective, qui donc ne s'écrierait dans le concert de toutes les voix fraternelles : Vite, vite, établissons le règne de la justice et de l'amour ! Ce ne serait plus l'affreuse lutte pour la vie, ce legs de l'individualisme, ce reste de l'animalité. Ce serait le concours de tous pour le bien de tous, l'harmonie de toutes les affinités, la concordance de toute les fonctions, le développement et l'équilibre de toutes les facultés, la liberté des corps par la santé, la liberté des esprits par la science, la liberté des cœurs par l'immense épanouissement de toutes les affections, épanouissement d'autant plus grand que la libre affinité d'un amour spécial aurait partout complété l'être humain dans le vrai et ineffable hymen de sa double nature. Ce serait le rayonnement partout, le travail joyeux, le repas changé en communion, le plaisir commun en fêtes d'enthousiasme, le repos en idylle ou en rêves délicieux. Ce serait le règne de tous en un, cette République universelle entrevue par celui qui appelait le règne de Dieu sur la terre, par ce Jésus sublime, par ce frère plus avancé qui a voulu révéler à ses frères plus jeunes le secret de la divinité de l'homme et que l'aveuglement général a châtié de son audace, par ce Jésus incompris que l'on a plus martyrisé en traînant son nom dans toutes les boucheries et en évoquant ses plaies, depuis des siècles, sur le crucifix d'oppression, qu'en le clouant tout vivant sur le gibet d'infamie... Ô Jésus, ceux qui te déclouent de ta croix ne savent pas le bien qu'ils te font; mais toi tu sais qu'ils travaillent pour la liberté, et tu les aimes !

Il faudra bien du temps, sans doute, pour que ces pensées envahissent l'universalité des préoccupations humaines ; mais l'essentiel est d'en comprendre la portée ; l'essentiel est de montrer l'éducation nouvelle qui ressortira de l'étude scientifique de l'immortalité ; l'essentiel est de pouvoir dire à la démocratie enfoncée encore dans le matérialisme : « Tu as fouillé le sol pour arracher les racines mortes tordues dans la terre douloureuse, tu as exploré toutes les souffrances, c'est bien ; maintenant laisse ta pioche, et viens semer avec nous, les yeux vers le soleil levant; il ne suffit pas de détruire, allons ensemble provoquer une végétation nouvelle avec la collaboration du grand foyer radieux sans lequel il ne saurait pousser que des institutions incohérentes et éphémères. »

Lorsque le peuple écoutera ce langage, l'avenir sera bien beau à l'horizon. Spiritisme et démocratie se féconderont mutuellement, et, dans la vaste respiration de l'humanité, on pourra suivre le rhythme harmonieux et régulier qui dilatera les aspirations de la terre vers les plus lumineuses régions de l'humanité invisible, plus loin encore vers les astres fraternels, vers l'infini, — et qui ramènera ensuite la pensée humaine, puissantialisée de toutes ces harmonies évoquées, vers le travail planétaire qui s'harmonisera de lui-même sous ces influences.

Que l'Humanité sera belle alors ! Et dire que ce n'est point là un rêve, mais une formule d'avenir absolument scientifique !

Spirites, frères, travaillons, travaillons ! Oh ! que nous serions heureux si nous pouvions hâter cet avènement ! Que nos âmes se dilatent ensemble vers les régions invisibles qui nous aiment, et puissent-elles, en se repliant sur la terre, ramener des trésors de forces pour le progrès de l'Humanité ! (*Applaudissements unanimes.*)

Mlle de Lassus s'exprime ainsi :

Chers Frères et Sœurs en croyance,

S'il est une époque où la croyance à l'immortalité de l'âme est absolument nécessaire à notre bonheur, c'est assurément à la nôtre.

Entrainée par deux courants qui menacent de l'engloutir, le cléricalisme et le matérialisme, la société cherche un moyen de salut ; elle tâtonne, elle étudie, elle discute, elle tremble, parce qu'elle craint l'inconnu, et voit qu'elle est dans le faux.

En effet, qu'est-ce que le cléricalisme?

C'est l'immobilité de la pensée humaine, séquestrée dans des dogmes absurdes. C'est la servitude commandée par le sacerdoce et imposée aux générations futures pour le profit d'une caste éternellement l'ennemie de toute liberté, de toute justice, de tout droit.

Le clérical est la sentinelle attardée de la civilisation, rejetant toute vérité qui le gêne et l'écrase.

Semblable aux oiseaux de nuit, il n'aime pas la lumière ; il ne la veut pas ; il la repousse et l'éteint quand il le peut.

Illogique, hypocrite et de mauvaise foi, il se refuse à l'évidence des faits, il nie la science parce qu'elle le combat et lui prouve son ignorance.

Furieux de voir ses idoles renversées, ses fétiches détruits, il conspire contre elle, et lui crie de sa voix de pygmée voulant épouvanter Atlas :

« Tu n'iras pas plus loin. »

Cet aveugle est donc le grain de sable qui essaie d'arrêter le char du progrès.

Plaignons-le quand il est de bonne foi dans sa crédulité; car ce n'est plus un homme raisonnable, mais une créature dégradée par l'esclavage, et un être passif, inconscient dans la main du clergé. Cependant ne craignons pas de le démasquer partout où il se trouve, lorsque, riant en secret de ses propres dogmes, il s'en sert pour tyranniser ou persécuter tous ceux qui veulent secouer son joug ou affranchir les peuples, les consciences et les individus. Prenons garde, car il peut s'en glisser parmi nous.

Quant au matérialiste, c'est souvent un égoïste qui nie l'immortalité de l'âme parce qu'elle l'ennuie. Peut-être comprend-il qu'il est dans l'erreur ; mais il n'ose pas proclamer la vérité. Il veut penser comme ses amis ou comme le corps savant auquel il appartient.

Athée par respect humain et non par conviction, il répète ce qu'ont dit certains maîtres ; il agit comme eux. Il a bien promené son scalpel sur le corps humain ; il a bien senti quelque chose vibrer dans ses organes admirables ; il s'est même écrié comme Claude Bernard : « Rien ne se perd, tout se transforme, » mais il n'ose pas déplaire ; il craint les sourires, l'ironie, en un mot il a peur !...

En entrant dans la vie, tout homme sérieux et logique se pose cette question : Où vais-je ?

Suis-je l'atome qui doit disparaître, la mollécule qui s'anéantira, ou la réunion, l'agglomération d'atomes se perfectionnant toujours pour arriver à la quintessence de l'Être ou premier principe, Dieu !!!...

S'il est un penseur, il comprendra facilement qu'arrivé ici-bas à l'état d'ébauche, et ses imperfections le prouvent, il ne peut rester dans cet état, puisque toute créature a sa marche ascendante vers le progrès.

En s'examinant avec attention, il verra que la contradiction qui existe entre l'esprit et la matière, le désir de faire le bien et le penchant au mal, sont les conséquences d'une nature primitivement animale, et dont veut se débarrasser une âme éprise de l'amour du beau.

Ce n'est pas une déchéance, comme on l'a enseigné, c'est au contraire une preuve de notre origine bestiale. Notre désir d'élévation est l'avancement lent, mais sûr, vers un état plus normal.

La souffrance même, qui étreint l'homme depuis le berceau jusqu'à la tombe, n'est pas autre chose que le creuset où l'âme rejette toutes les scories qui la souillent.

Or, pour arriver à la perfection, il faut donc vivre, travailler, souffrir ; par conséquent l'âme ne peut mourir, mais doit se transformer graduellement, quitter sa chrysalide, reprendre son vol vers l'infini où elle va se retremper, afin de recommencer son travail nécessaire sans trêve, qui l'entraîne dans une harmonie vers d'autres harmonies plus pures qu'elle.

L'homme qui croit à l'immortalité de l'âme est un titan qui domine les peuples et les individus, par le calme de la pensée et la hauteur de ses vue. Faible par nature, héros par les combats qu'il livre à ses instincts mauvais ; il prévoit qu'il deviendra un jour le géant qui se mesurera avec d'autres géants.

Rien ne l'épouvante ; il reste impassible devant les tempêtes de la vie. La fortune, les honneurs lui semblent une brillante fumée qui passe. La science seule le console, parce qu'elle l'éclaire.

Tout a un autre aspect pour lui ; il ne voit pas comme le matérialiste ; il ne raisonne pas comme le clérical. L'insulte comme la louange ne saurait altérer la sérénité de son âme. C'est un voyageur qui passe ; il salue tous les hommes comme des frères, il est bon pour le petit et l'ignorant, et il les considère comme des êtres moins avancés que lui qui implorent sa protection.

En communication directe avec les grands esprits de l'espace ; il reçoit d'eux l'inspiration qui crée les génies, le courage qui enfante les martyrs et l'héroïsme qui anime les grands patriotes !

Les hypocrisies des petites âmes, les calculs de l'intrigant, les flatteries des corrupteurs, le fanatisme des faux dévots, prêchant la haine et l'intolérance, le font sourire de pitié, comme le patriotisme intéressé de certains bourgeois de notre temps.

Cette foule de malheureux enfiévrés, qui courent après l'or et ne vivent que d'agiotage et de spéculation, lui paraissent une assemblée de fous discutant sur un volcan en éruption.

Quelle que soit la furie de l'ouragan, il est au port, appuyé sur l'ancre de l'espérance ; sa barque ne sombrera pas. Il est debout au gouvernail, calme et stoïque, grandissant à chaque minute comme un brave au milieu de la mitraille. En vain les flots en fureur le couvrent-ils de leur écume, il en dédaigne les clameurs.

La méchanceté humaine, si mesquine et si profonde, ne le touche plus, parce que son âme vogue sur l'océan d'amour et que son esprit est déjà dans l'immortalité !...

Ah ! quelle force cette sublime croyance donne à l'âme !...

Qui pourra répéter avec éloquence les paroles de consolation que l'homme croyant entend au jour du désespoir ?

Quelle plume, quelle voix seront assez inspirées pour retracer ces douces impressions qui adoucissent l'amertume de la déception inattendue et fortifie le courage chancelant ?

Messieurs, pour bien comprendre l'importance et la nécessité de la croyance à l'immortalité de l'âme, il faut avoir souffert, il faut s'être senti seul dans ce monde, avec une douleur poignante où il semblait que tout s'anéantissait autour de nous : fortune, amour, avenir !...

C'est peut-être fort beau de ne croire à rien, quand tout nous sourit. Lorsque nos amis nous entourent, quand la foule nous prodigue ses adulations et la fortune ses caresses, on peut avec orgueil se draper insolemment dans le manteau glacé de l'égoïsme, et railler le sort. Mais lorsqu'on a fait le naufrage de toutes ses espérances ; quand ce monstre hideux qu'on appelle le malheur s'est assis à notre foyer ; quand il laboure notre poitrine et fait bouillir notre cerveau, en un mot quand tout nous manque, hommes et croyance, oh alors, frères, que devient-on ? où va-t-on ?

Un abîme est ouvert, un gouffre nous attire ! une espérance de repos imaginaire nous fascine et l'on succombe par le suicide !...

Quel est notre devoir à nous, spirites dévoués ?

Notre tâche, c'est de chercher ce frère désespéré et de lui dire avec amour :

Ami, sèche tes larmes, tes souffrances n'auront qu'un temps. Ton âme, souffle et feu divin, est la quintessence des atomes matériels perfectionnés. Elle ne peut périr, parce qu'au problème de la vie il faut une solution ; car tout travail a sa récompense, toute douleur sa consolation, toute faute son expiation logique.

Frère, ne pleure plus, lève la tête et contemple ces mondes où tu iras un jour après les épreuves subies sur cette planète. Tu as commencé par être une créature infime, tu es devenu homme par la transformation, tâche d'être Dieu par la douleur qui virilise les caractères, forme les âmes et grandit l'humanité !...

Tu seras toujours, parce que être fini, tu marches vers l'infini.

Tu es immortel pour te donner la faculté et le moyen d'arriver à comprendre l'Être des êtres.

Va donc, aie la sagesse qui dirigea Pythagore et Socrate, marche sans crainte, des légions d'esprits veillent sur toi, sois toujours le citoyen du grand pays qui enfanta les Gaulois invincibles.

Eux aussi croyaient à l'immortalité de l'âme, et ils firent trembler le monde ! Sans peur, et pleins d'espérance, ils ne perdaient jamais de vue l'immortelle patrie où leur bravoure devait être récompensée.

Serais-tu moins courageux que tes ancêtres ? Vas-tu déserter le poste du danger, soldat lâche et pusillanime, rendras-tu tes armes sur le lieu même du combat ?

Relève-toi, plonge ton âme dans cette rosée bienfaisante qu'on appelle la prière ; elle rafraîchira ton cœur brûlé par la fièvre ; elle te donnera ce que le monde avec tous ses plaisirs n'a jamais pu procurer, la paix de l'âme et le calme de la conscience !

Reposé par la méditation, tu comprendras Dieu et ses œuvres ; tu verras que tu n'es pas né pour le repos ; tu accepteras le calice de la vie, et, quelle qu'en soit l'amertume, tu le boiras jusqu'à la lie !...

Songe que le martyr du Golgotha t'a donné l'exemple ; imite-le, afin de mériter cette gloire qui illustre les sages de tous les siècles, et cette auréole qui brille au front des défenseurs de l'humanité !!!

(Applaudissements dans toute la salle.)

M. Delanne fils lit un discours sur Dieu, que nous reproduisons :

Mesdames et Messieurs,

Nous jetons aujourd'hui les fondements d'une œuvre grande et féconde pour l'avenir : les membres de la famille spirite, dispersés depuis la mort de notre maitre Allan Kardec, vont de nouveau se trouver réunis.

La doctrine va prendre un plus grand essor, résultant de nos efforts communs. Nous étudierons sous la direction des esprits les grandes questions qui touchent à l'immortalité de l'âme ; mais pour nous appuyer sur une base solide dans nos recherches à la poursuite de la vérité, il faut bien nous entendre sur le point de départ de nos travaux.

La question de l'existence de Dieu est la plus grave que l'on puisse se poser ; c'est pourquoi je crois nécessaire de l'étudier devant vous au point de vue spirite.

Toutes les religions anciennes se sont fait de la Divinité une idée fausse ; elles l'ont considérée comme une émanation idéalisée de la personnalité humaine, et non comme un être concret et distinct de nous ; elles lui reconnaissaient bien une puissance supérieure à celle de l'humanité, mais elles lui en prêtaient en même temps la plupart des passions. Cette conception était la résultante de l'état général des esprits. Le principe spirituel de l'homme devant subir des évolutions successives avant de parvenir à la perfection, ne pouvait, dans les premiers âges, se faire une idée juste de l'Être suprême que nous appelons Dieu.

Plus l'esprit se développe, plus ses facultés intellectuelles augmentent ; le progrès poursuivant sa course incessante favorise l'éclosion des idées nouvelles ; la science, en élargissant l'entendement humain, recule les bornes posées par l'ignorance et par le préjugé ; les facultés s'agrandissent et s'élèvent ; la notion de la Divinité est corrélative à l'avancement de l'esprit, et un Dieu régnant sur notre petit monde ne suffit plus à l'âme qui a découvert l'infinité de l'univers.

L'élan que la science a donné au génie humain l'a fait pénétrer dans les profondeurs du vide ; l'esprit s'élance dans les espaces à la suite de la vision télescopique, et découvre des milliers de mondes balancés dans l'éther, et mariant leurs splendides harmonies dans les célestes champs de l'étendue. C'est devant ces horizons, récemment ouverts à l'investigation humaine, que l'esprit émerveillé conçoit le Créateur de toutes choses tellement au-dessus de nous, que seul un effort de la raison peut le faire entrevoir.

Partout règnent l'ordre, la grandeur, la majesté ; tout démontre la bonté, la justice de Celui dont toutes ces splendeurs ne sont qu'un pâle reflet. Non, le Dieu moderne n'est plus cette puissance implacable et vengeresse qui condamnait éternellement l'homme pour une faute d'un moment. Non, la sombre divinité de la Bible ne plane plus sur nous, comme une menace perpétuelle ; ce n'est plus le Jéhovah farouche qui ordonnait l'égorgement de ceux qui ne croyaient pas en lui, et qui faisait courber des milliers d'hommes sous le vent de sa colère, comme un champ de roseaux sous l'aquilon furieux.

Le Dieu moderne nous est apparu comme l'expression la plus parfaite de toute science et de toute vertu. Son intelligence suprême s'est décélée dans l'admirable enchaînement des forces qui dirigent l'univers ; sa bonté, par la loi de réincarnation, nous permet de racheter nos fautes par des expiations successives, et de nous élever par degrés jusqu'à sa majesté infinie. Nos rapports avec les esprits nous soutiennent dans les durs combats de la vie, et nous donnent une constante énergie pour arriver au but que nous nous sommes proposé.

Devant ces enseignements d'amour et de charité croulent les vieilles légendes qui faisaient ployer nos esprits sous un dogmatisme absurde et tyrannique. Mais il n'est pas besoin d'élever nos regards vers la voûte céleste pour nous convaincre de l'existence de Dieu. Sur cet infime globe que nous habitons, la terre déroule sans cesse sous nos yeux le mouvant tableau de ses transformations : les saisons suivent leur cours, les corps se combinent, la vie circule sur la planète joignant et disjoignant les molécules suivant des lois inéluctables. Quelles sont ces lois ? C'est ce que, depuis quatre mille ans, l'homme cherche à établir. A peine aperçoit-il quelques lueurs directrices, que déjà il se croit parvenu au sommet des connaissances humaines.

L'attraction planétaire est un fait qu'il constate sans l'expliquer ; l'électricité est un fluide qu'il ne connaît que par ses effets ; la lumière, la chaleur, autant de mystères pour l'homme qui cherche à en approfondir la constitution intime ; et pourtant les lois qui produisent ces phénomènes ont entre elles des analogies qui dénotent une communauté d'origine ; toutes, elles s'accomplissent merveilleusement aussitôt que les circonstances où elles peuvent s'exercer se présentent ; il faut donc qu'il existe une force incessante qui les fasse exécuter.

On objectera que telle molécule a de l'affinité pour telle autre, et que ceci est la cause des combinaisons ; mais qu'est-ce que cette affinité elle-même ? Qui a doué la matière de ces attractions et de ces répulsions ? Dire qu'elle les possède de toute éternité, c'est reculer le problème et non le résoudre, car nous arrivons par l'étude de la mécanique céleste au besoin d'une cause première initiale. D'ailleurs, dans la nature, tout est harmonie ; les corps s'unissent en proportions définies, c'est-à-dire, qu'il n'y a pour un même corps qu'une quantité de matière déterminée qui se combine, quelles que soient les conditions dans lesquelles on fasse l'expérience.

Tout vibre dans la nature en accords harmoniques, autrement

dit, dans des conditions déterminées par une intelligence ; mais les lois desquelles résulte cette harmonie lui sont supérieures, car la cause est toujours plus grande que l'effet.

Si ces remarques sont vraies dans le monde matériel, nous allons voir qu'elles le sont également dans le monde spirituel dont l'existence nous est démontrée d'une manière irréfutable, puisqu'il fait l'objet de notre croyance. Nous savons par les esprits qu'eux-mêmes obéissent à des règles qui leur sont imposées ; or, continuant à appliquer ma théorie, je dirai : En supposant même que la matière ait toujours existé, et qu'elle obéisse à des lois éternelles qu'elle possédait dès l'origine, je prierai les matérialistes de me dire d'où vient le principe spirituel qui se manifeste de mille manières différentes dans nos réunions et qui, nous le constatons chaque jour, est indépendant de la matière.

Ce principe a, lui aussi, des lois auxquelles il est forcé d'obéir, et qui sont évidemment supérieures à l'esprit puisqu'il les subit.

De là nous concluons à une force efficiente gouvernant la matière et l'esprit que nous appelons Dieu !

Il résulte de ce que nous venons de voir, que le Dieu que nous comprenons est l'infinie grandeur, l'infinie puissance, l'infinie bonté, l'infinie justice ! c'est l'initiative créatrice par excellence, c'est la force incalculable, l'harmonie universelle ! C'est Dieu qui plane au-dessus de la création, qui l'enveloppe de ses fluides, qui la pénètre de sa raison ; c'est par lui que les univers se forment, que les masses célestes roulent leurs splendeurs étincelantes dans les profondeurs de l'infini ; c'est par lui que les planètes gravitent dans les espaces autour des foyers lumineux, en formant de rayonnantes auréoles aux soleils ; c'est Dieu la vie éternelle, immense, indéfinissable, c'est le commencement et la fin, l'alpha et l'oméga.

C'est lui qui dans l'abîme des temps voulut que l'univers fût, et la poussière cosmique entra en mouvement. C'est par sa volonté que les admirables lois de la matière développent dans l'infini les combinaisons merveilleuses qui produisent ce qui existe. C'est sa raison sans limites qui a ordonné que tout fût fait en vue d'un effet intelligent ; c'est sa justice qui a tracé en caractères indélébiles les lois de fraternité et de solidarité qui se font sentir entre les hommes et les mondes. C'est sa bonté ineffable qui a donné à l'homme, sans cesse, le moyen de parvenir au bonheur par des incarnations successives.

O Dieu tout-puissant, que ma raison conçoit à peine ! créateur de toutes choses ! je ne puis te définir, mais je t'adore dans tes œuvres. J'anéantis ma personnalité pensante devant toi ; je suis comme le ciron devant le ciel étoilé, mais je sais que tu es ; je sais que si petit que tu m'aies fait, tu me vois et tu me soutiens, et que, par ton aide, j'arriverai à la perfection ; c'est pourquoi je bénis ton nom, ô Père et créateur de toutes choses !

(Vifs applaudissements.)

La parole est alors donnée à notre frère Léon DENIS, venu de Tours pour cette solennité.

Après avoir dépeint la situation morale que le scepticisme, d'une part, la superstition aveugle, de l'autre, font à la société moderne, il a montré ce que pourraient réaliser les forces sociales, ces forces immenses, malheureusement stérilisées par la haine, le jour où elles seraient fécondées par la foi, par la foi éclairée, rationnelle, celle que peut donner aux hommes la connaissance de la philosophie spirite.

En présence des maux qui menacent le monde livré aux assauts du matérialisme et des passions brutales, tout spirite doit comprendre qu'une grande tâche lui incombe. Les premiers parmi les foules, nous voyons le but de la vie, nous discernons les lois qui régissent l'ascension des êtres, nous possédons ce trésor inépuisable de consolation, de vérités qui réchauffe les âmes, les stimule dans la voie du bien, du progrès intellectuel et moral.

Notre responsabilité est proportionnelle à l'étendue de notre savoir, de nos connaissances. Nous avons le devoir de communiquer à tous les vérités qui sont notre partage, de répandre sur le monde cet enseignement régénérateur. En vain les obstacles se dressent devant nous. Appuyés, soutenus par la légion des Esprits de lumière, nous combattrons avec succès le bon combat, nous triompherons des difficultés, nous imposerons à tous l'amour ou tout au moins le respect de nos croyances.

Et qu'on n'objecte pas le défaut de ressources, l'humble situation de la plupart des spirites. Toutes les grandes idées, toutes les doctrines nouvelles ont été vulgarisées par les petits, par les humbles. Exemple, les premiers chrétiens. Nous avons comme eux la foi, mais de plus qu'eux nous

avons avec nous la raison et les faits. Il ne nous manque
que l'union, l'union des cœurs et des efforts.

L'orateur fait un appel chaleureux à l'union, à la concorde.
Créez, dit-il en terminant, créez une association qui relie
tous les groupes de France, une association dirigée par des
hommes sages, expérimentés, désignés par voie d'élection et
qui apportent, avec un désintéressement absolu, un dévouement sans bornes à la cause que nous servons. Créez un centre puissant qui imprime une impulsion vigoureuse aux études et à la propagande spirites, un milieu où n'accèdent pas
les dissentiments, les rivalités, les questions de personnes.

Toutes les questions matérielles doivent s'effacer devant
la grandeur des intérêts que nous défendons. Serrons-nous,
appuyons-nous les uns sur les autres, fondons une œuvre de
fraternité, une œuvre qui groupe en un faisceau nos forces,
nos moyens d'action, qui les fasse converger vers ce but
élevé, vers cet objet constant de notre sollicitude, de nos mé-
ditations : le Progrès moral, la Régénération de l'humanité.

Ce que nous ne pouvons rendre en écrivant, c'est la chaleur, l'inspiration, la majesté de langage de l'éminent con-
férencier ; l'assemblée était suspendue à ses lèvres, on sentait
vibrer son âme sous les accents émus de l'orateur, aussi
cette improvisation a-t-elle été souvent interrompue par des
applaudissements enthousiastes.

Le président met aux voix le principe de la fédération *qui
est adopté à l'unanimité.* On donne ensuite lecture des statuts. Après différentes observations, il est décidé que l'on se
réunira de nouveau le 5 janvier 1883, dans un des salons de
M. Cochet (ancienne maison Richefeu, galerie de Valois, 167,
Palais Royal) que notre frère a gracieusement mis à la disposition de l'union. Les adhésions et les souscriptions sont
données en masse par les assistants, et il est décidé que
les autres seraient recueillies chez MM. Cochet et Delanne,
passage Choiseul, 39 et 41, Paris.

Nous ne terminerons pas ce compte-rendu sans résumer
en quelques mots la physionomie de cette réunion qui

comptera dans l'œuvre de développement du spiritisme. On sentait bien dans cette assemblée, composée des éléments les plus variés, passer le souffle d'union et d'enthousiasme qui est propre aux grands mouvements fédératifs ; un immense besoin de désintéressement et d'action commune traversait et transportait tous les cœurs, nous n'en citerons qu'un exemple :

Un article du projet de statuts parlait des parts de fondateurs et ajoutait que plus tard, si c'était possible, ces parts seraient remboursées aux souscripteurs. Aussitôt un cri général s'éleva : « Non, non, pas de remboursement, » et l'article qui en parlait fut rayé sur le champ.

Nous pouvons donc bien augurer de l'avenir, car la bonne volonté est à la base de l'union spirite ; la légion des esprits du progrès l'anime de sa vie supérieure, et nous n'avons qu'à travailler de tout notre cœur pour être sûrs de réussir.

Nous finissons en faisant un chaleureux appel à tous nos frères de Paris et des départements. Désireux de voir la doctrine reprendre sa marche ascendante, nous les invitons à se grouper autour de nous, pour tenir haut et ferme la bannière du Spiritisme.

SOMMAIRE DE LA SÉANCE DU 15 JANVIER 1883.

Président : M. DELANNE père,

Secrétaires : MM. CHAIGNEAU et G. DELANNE.

Dès l'ouverture de la séance, on donne lecture des statuts de l'*Union spirite française* ; ils sont adoptés à l'unanimité.

L'ordre du jour appelle la discussion de l'assemblée sur la nomination du comité définitif. — Après quelques échanges d'idées, l'assemblée nomme au comité les personnes dont les noms suivent plus bas.

Lecture est donnée d'un compte-rendu de la séance du 24 décembre, publié par le *Papillon*. L'assemblée vote des remerciements à Madame Olympe Audouard.

L'union décide ensuite qu'elle se réunira tous les premiers vendredis de chaque mois chez M. Cochet, galerie de Valois, 167, Palais Royal, mais que le comité pourra, en cas d'absolue nécessité, convoquer l'union en assemblée extraordinaire en dehors des dates fixées.

Le comité rappelle aux membres de l'Union que le journal ne peut paraître que lorsque les fonds souscrits seront rentrés, il prie donc nos frères qui n'auraient pas opéré leur versement de bien vouloir le faire le plus tôt possible.

La séance est levée à onze heures.

LISTE DES MEMBRES DU COMITÉ

Mesdames.	Messieurs.
Fropo,	Delanne père,
Delanne,	Docteur Josset,
Dieu,	— Chazarain,
Cochet,	Chaigneau,
De Lassus,	Capitaine Bourgès,
Dory,	L. Denis,
Noeggerath,	Hiss,
Rodière,	G. Delanne,
Guyot,	Johanneau,
Portier,	Tarlay,
Dardouillet,	Cochet,
Souchon,	De Rudder,
Horsin,	Blin,
Baillet,	Lallemand,
Alvim,	Poulain,
Lallemand,	Duchaussoy,
De Ruder,	Machet,
Clarisse Bertrand.	Boutin,
	Lussan,
	Bablin,

Les réunions du comité ont lieu les 2e et 4e vendredis de chaque mois, chez M. Delanne, passage Choiseul, 39 et 41, Paris.

STATUTS

POUR

L'UNION SPIRITE FRANÇAISE

ET LA

FONDATION D'UN JOURNAL

adoptés par l'Assemblée générale du 24 décembre 1882.

TITRE Ier.

Afin de donner un nouvel essor au spiritisme en France, un certain nombre de spirites et chefs de groupes de Paris se sont réunis et ont formé un comité d'initiative pour orgaser l'*Union spirite française*.

TITRE II.

Art. 1er. — L'union a pour but le groupement des spirites français, l'étude de tous les phénomènes spirites, et la propagation de la philosophie et de la morale du spiritisme par tous les moyens que les lois autorisent, et principalement par la publication d'un journal bi-mensuel ayant pour titre : *Le Spiritisme*, organe de l'*Union spirite française*.

Art. 2. — Cette association prendra la dénomination de : *Union spirite française*. Son siége est provisoirement galerie de Valois, 167, au Palais Royal, où se feront les réunions, les 1er vendredis de chaque mois, à 8 heures.

Art. 3. — Les questions politiques et de controverse religieuse y sont interdites.

Art. 4. — L'Union se compose de membres titulaires, honoraires et correspondants.

Art. 5. — Tous les titulaires, hommes ou femmes, sont éligibles à toutes les fonctions qui sont électives et absolument gratuites.

Art. 6. — L'année sociale commence le 31 mars, et les élections administratives se feront dans la deuxième quinzaine d'avril.

TITRE III.

Art. 7. — L'Union sera administrée par un comité central de trente membres au moins, nommé par l'assemblée générale. Il est nommé un président titulaire chargé de représenter l'Union dans ses rapports avec l'autorité.

Art. 8. — A chaque séance, le comité choisira son président parmi les membres.

ATTRIBUTIONS DU COMITÉ.

Art. 9. — Les principales attributions du comité seront :

1° Le soin des intérêts de la doctrine et sa propagation ;

2° L'étude des principes nouveaux susceptibles d'entrer dans le corps de la doctrine ;

3° La concentration de tous les documents et renseignements qui peuvent intéresser le spiritisme ;

4° L'extension des liens de fraternité entre les adeptes des sociétés des différents pays ;

5° La correspondance ;

6° La direction du journal qui sera l'organe de la fédération, autrement dit : de l'*Union spirite française* ;

7° La direction des séances de l'Union ;

8° L'enseignement oral et les conférences ;

9° Les visites et instructions aux réunions et groupes de Paris et des départements.

Ces attributions seront réparties entres les différents membres du comité, selon la spécialité de chacun.

Art. 10. — Pour subvenir aux dépenses de l'Union il sera payé une cotisation annuelle de 6 francs.

DU JOURNAL.

Art. 11. — L'abonnement au journal bi-mensuel, *Le Spiritisme*, ayant 8 pages de texte, sera de 4 francs par an.

Art. 12. — Tout membre qui fait un versement de 50 francs et au-dessus acquiert le titre de fondateur.

Art. 13. — Tout membre qui fait un versement d'une somme inférieure à 50 francs acquiert le titre de souscripteur.

Art. 14. — La souscription ne peut être inférieure à 5 francs.

Art. 15. — Le journal sera l'organe de l'*Union spirite,* qui désignera les membres du comité pour en prendre la direction et la rédaction.

OBSERVATIONS

RELATIVES AUX SOUSCRIPTIONS.

Nous prions nos frères en croyance qui voudraient bien nous adresser leurs souscriptions de remarquer qu'il y a, dans notre œuvre, trois parties distinctes :

1° Souscription de 6 francs à la fédération ;
2° Abonnement au journal, 4 francs par an ;
3° Les dons gracieux pour la fondation du journal et l'extention de la fédération.

Les souscriptions seront reçues chez MM. :
Delanne, passage Choiseul, 39 et 41 ;
Cochet, galerie de Valois, Palais Royal, 167;
Lussan, rue Richelieu, 21.

LISTE DES ADHÉRENTS A L'UNION SPIRITE FRANÇAISE

ET ABONNÉS AU « SPIRITISME »

FONDATEURS :

Mmes Bazin,
Collomb,
Chapoton,
Delanne,
Dieu,
Froppo,
Lebay,
Paris,
Penay,
Servières.
MM. Bourgès,
Clapeyron,
Cornillau,
Chaigneau,
Delanne,
Denis,
Docteur Josset,
Johanneau.

SOUSCRIPTEURS :

Mme Nœggerat,
M. His,
Mme Levadée.
Mme Martin,
M. Tacinet,
Mme de Bernard,
M. le docteur Chazarain,
Mme Gérard,
M. Gaudron,
Mme Gaudron,
M. Lair,
Mme Leclerc,
M. Lallemand,
M. Malaisé,
M. Plumet,
M. Dory,
Mme Arnaud,
M. Breton,
M. Bonsenne,
Mme Bourgoin,
M. Blin,
M. Boutin,
Mme Chabrol,

Mme Chaboudet,
M. Cordier,
M. de Rudder,
M. Dard,
M. Dory,
M. Dardouillet,
M. Desvignes,
M. Fouché.
M. Girarbon,
Mme Horsin,
M. Henry,
M. Hutin,
M. Jourdan,
Mme Koch,
M. Lussan,
Mme Morel,
M. Millet,
M. Peston-Quillé.
M. Roulx,
M. Thibaut,
M. Truffy,
M. Claudius Raynoud,
Mme Martin.

ADHÉRENTS ET ABONNÉS.

Paris.

Mme Olympe Audouard,
Mme Adam,
Mme Alvin,
M. Berthet,
M. Baillet,
M. Bresnus,
M. Bariol,
M. Boiste,
M. Bise,
M. Colin,
M. Chardon,
M. Charbonnel,
M. Cordier,
M. le colonel Carré,
M. Coutant,
Mlle Dutertre,
Mme Danton,
M. le colonel Devoluet.

M. Daniel,
M. Delattre,
M. Ed. Dory,
M. Engel,
M. Fabre,
M. Goglz,
Mme Gonet,
M. Grange,
Mme Henry,
Mme Hansen,
M. Huguet,
Mme Guiauchin,
Mlle Huet,
M. Julien,
M. Kronberg,
Mlle Lardot,
M. le capitaine Lefèvre,
M. le commandant Lagougine,
M. Machet,
M. Segundo Olivier,
Mme Orme,
M. Rochet,
M. Rohart,
Mme Rodière,
M. Raymond,
Mme Semen,
Mme Souchon,
M. le docteur Thurman,
M. Tassel,
Mme Ugalde,
M. Véron,
Mme Villatte,
M. Vander Auwermeuler,
M. Vernois,
Mme Vernois,
M. Bablin,
Mme Bigonville,
Mme Chuder,
M. Chaudouet,
M. Duchaussoy,
Mme Dory,
M. Franck,
Mme Maquet,
Mlle Marguerit,
Mme Rolland,
M. Viailat.

Départements.

M. le capitaine Azerm,
M. Brisse,
M. Bouloux,
M. Bouteblay,
M. Bertrand,
M. Beloncle,
M. Blavette,

Mme Boblot,
M. Bourdain,
M. Bussereau,
M. Bazot,
M. Cambel,
Mme Caron,
M. Chabris,
M. Clapeyron,
M. Cormier,
M. Chauvigné,
M. Desbois,
M. de Fouré des Pillières,
Mme Déan,
Mme David,
M. Didier,
M. Etienne,
M. Froger,
M. Frottier,
M. Gontard,
Mlle Guyon,
M. Grenet,
M. Georges,
M. Hubert,
M. Harmant,
M. Jaubert,
M. Krell,
M. Laroque-Chabot,
M. Lichelit,
M. Lehaut,
M. Lasseron,
M. Laugier,
Mme Lavitayer,
Mlle Messin,
Mme Malherbe,
Mme Mouret,
M. le capitaine Mendy,
M. Niepceron,
Mme Page.
M. le capitaine Pierron,
M. Petitjean,
M. Poignard,
M. Quentin,
M. Rondeau,
M. Rohaut,
M. Rebondin,
M. docteur Rouzier-Grangeneuve.
M. Seris,
M. Simonnot,
M. Tibaud,
M. Touzard,
M. Tabourin,
M. Thomas,
M. Tournier,
M. Vincent,
Mme Viard.

Tours. imprimerie Juliot. rue Royale. 53.

TOURS, IMPRIMERIE JULIOT, RUE ROYALE, 35.